눈빛언어

안정식 시집

시와사람

눈빛언어

2025년 5월 10일 인쇄
2025년 5월 15일 발행

지은이 안정식

펴낸이 강경호   편집장 강나루   디자인 정찬애
펴낸곳 도서출판 시와사람
등록 1994년 6월 10일 제 05-01-0155호
주소 광주시 동구 양림로119번길 21-1(학동)
전화 (062)224-5319   E-mail jcapoet@hanmail.net

ISBN 978-89-5665-770-7   03810

＊책값은 뒤표지에 있습니다.
＊지은이와의 협의로 인지를 붙이지 않습니다.

이 도서의 국립중앙도서관 출판예정도서목록(CIP)은
서지정보유통지원시스템 홈페이지(http://seoji.nl.go.kr)와
국가자료종합목록 구축시스템(http://kolis-net.nl.go.kr)에서
이용하실 수 있습니다.

눈빛언어

ⓒ 안정식, 2025
이 책의 저작권은 저자에게 있습니다.
저작권에 의해 보호를 받는 저작물이므로
출판사와 저자의 허락 없이 무단 전재와 복제를 금합니다.

■ 시인의 말

지고지순한 마음을
시로 표현하고 싶었다.
이 나이 먹도록
시만 품고 살았다면
삶에 대한 회한이 있었겠는가
하지만 구차하거나
가볍게 살지는 않았다.
섬세하고 유려한 화술은 없지만
슬픔과 역경을 건너
기쁨에 도달하는 동안
눈물 같은 시와 만나는 여정이었다.
지금까지 관찰자의 자세에서
피관찰자로 소박한 글을 내놓는다.

2025년 5월
안정식

눈빛언어 / 차례

7 시인의 말

제1부

16 어느 돌멩이의 생애
18 피어나는 매화꽃
19 시간의 얼룩
20 창호지 바르기
21 제비꽃 당신
22 하늘 그림
23 참아낼 줄 아는 지혜
24 이제야 알 것 같습니다
26 예그리나
28 텃밭 간이역
29 낙엽으로 먼저 온 가을
30 쉽게 설명되는 추억은 없다
31 당신에 대한 그리움
32 부여 궁남지
34 벼멸구 습격사건
36 가을과 나
37 대숲의 노래

바다를 바라보며   38
푸른 물빛에 눈이 찔리다   40

제2부

부질없는 습관   42
내 마음의 거울   43
가족이라는 끈   44
쇠비름   46
목화꽃구름   48
사랑꽃   50
쓴웃음   52
물음표와 느낌표   54
세월에 맡기는 인생   55
소나무 분재   56
파김치 한 통   57
어느 노인의 독백   58
일렁이는 그리움   60
가을   61
지게의 생애   62
당신의 말씀   64
달리는 물   65

66　생명이 되는 빗물
68　만남

제3부

70　눈빛언어
72　무심한 듯 피는 매화
74　그린내 가로등
75　그림자 돌아보기
76　이 가을의 낭만
78　억새꽃 지는 가을
79　박속처럼
80　당신의 푸른 꿈
81　전주 천변 풍경
82　여름 소나기
83　돌, 여기까지 오기엔
84　산 정상에 오르면
86　겨울과 나
88　파도
90　하늘의 이치
92　꽃과 나
94　청매실 푸른 그림자

제4부

생각의 힘　96
마음의 시각　97
오감의 느낌　98
홍시　100
조력의 힘　101
초록 속에 핀 그리움　102
만추 서정 수묵화　104
산사의 묵상　106
바람에 실려 온 꽃심　108
노송의 세월　110
신혼　112
마음으로 사는 세상　114
미명　115
철 이른 낙엽　116
저수지처럼　118
당신이라서 좋다　119
풀꽃 세상　120
알 수 없어요　122
아침 풍경　123
대숲에서　124

제5부

126　각도와 간격
128　표정으로 읽는 심화
129　나에게 지는 나
130　추위를 견디는 꽃
131　기지개 켜는 봄
132　비는 음악가
133　거울을 보며
134　그대의 몸짓
136　나 외롭지 않다
138　심장 속의 건반
140　비탈에 선 나목
141　지워지지 않은 사진
142　옛 생각
143　삶이란
144　상생
145　그때에는
146　겨울로 가는 낙엽

눈빛언어

제1부

문이 벽이 아닌 문이 되려면
그 속에 살고 있는 사람들과 바깥이
서로 마음을 열어야 한다
-「창호지 바르기」중에서

어느 돌멩이의 생애

누구의 다정한 손길이었을까
차가워진 몸이 따뜻해지면
어둠 속에서 까맣게 눈을 떠본다

어디서 나고 자라
한순간 굴러 떨어졌을지 모를 꿈속에서
조용히 때를 기다리며 눈을 감는다

세상에 모나지 않은 게 없다지만
아이러니하게 모가 나야
어디엔가 맞는 데가 있다

세파에 흔들리며 살다 보면
어느새 그곳에 맞아 들어가서
아무 곳에 끼워 넣어도 잘 맞아가는
너와 나의 모습들

그 끝까지 미치지 못하는 것은
완전한 것에 대한 유죄가 아니라고
여유 아닌 여유를 가져보는 시간

각을 잃은 돌멩이들은 발길에 차이면서도
살아 천년을 뒤로하는
길 위에 서 있는지도 몰라

피어나는 매화꽃

펄펄 내린 눈이
제풀에 스르르 녹아내린다

매화가 이까짓 추위쯤이야 하고
비아냥거리듯 꽃을 피워냈기 때문이다
개구리 노랫소리 아스라이 들리는 양지 녘
세간에 향기롭지 않은 꽃 어디 없으랴만

가지 끝에 걸린 삭풍만 잦아지면
수줍고 가슴 시린 꽃 한 송이 피워낼 텐데

아직은 물러나지 않은 추위가 남아
짜릿짜릿 온몸을 전율케 하는데
남들은 생각지 못한 꿈을 피워내는 것이다

꽃이 그럴진대 그 열매는 어떠하리
하늘도 감동한 듯
따뜻하고 화사한 미소를 내려보내 주신다

시간의 얼룩

기상을 깨우는 알람

어둠을 거둬가는 신기함에
콧노래도 불러본다
하루의 문을 열고 하늘을 점친다

성과를 내놓으라고 독촉하는 것들이
여기저기 존재를 드러낸다

잘하려다가 빗나간 결과처럼
당혹스러움이 얼굴에 모자이크 된다

하루를 마감하는 태양
명과 암이 다툰 자리처럼
세상사 모두가 얼룩 투성이

빛이 빠져나간 흔적 위로
얼룩진 마음조차 아련하다

창호지 바르기

해묵은 종이를 걷어내고
하얀 한지로 문을 발랐다

문 안과 밖이 환해졌다

너무 칙칙해서 문에 구멍을 냈더니
바람이 먼저 들어와 앉는다

그 옛날 추억도 따라 들어오고
햇살도 한 줌 들어와 자리한다

아이들 노는 시끌벅적한 소리
나무들이 물 올리는 소리
별들이 내뱉는 숨결 소리
실바람처럼 길게 따라 들어온다

창호지를 바르고 문을 닫으면
그 얇은 한지가 벽이 되기도 한다

문이 벽이 아닌 문이 되려면
그 속에 살고 있는 사람들과 바깥이
서로 마음을 열어야 한다

제비꽃 당신

그저 바라만 봐도
그 작은 미소가
아름답고 향기로운 꽃

행여 아파한다면
내 가슴이 먼저 슬퍼지던 꽃

떨궈진 슬픈 미소가
만약 눈물이 된다면
내가 먼저 울 것 같은
애처로운 꽃

언제 봐도 코끝 찡하게
가냘프기만 한 작은 얼굴이
눈처럼 피어나는

애잔하고 슬픈 제비꽃 당신

하늘 그림

다섯 살 손녀가 그림을 그린다

하얀 도화지 위에 하늘을 그린다고

파란 색연필로 가로줄을 열심히 그어가다가
한쪽을 남기고 다음으로 이어 간다

옆에 있던 내가 궁금해서 거긴 왜 남기느냐 물었더니

대뜸 하는 대답이 아잉 할아버진 다 아시면서
거긴 구름 그림이잖아요

구름이 없으면 하늘인 줄 아무도 모르잖아요

똘똘한 손녀 눈이 보석같이 빛나는 순간

내 마음속에 선명한 사진처럼 그 보석이 들어와 박힌다

참아낼 줄 아는 지혜

칠순을 넘겨서야
나를 용서하는 법을 깨달았습니다
밝고 따스한 세상임을 느낄 무렵
침묵이 친구처럼 다가와 앉습니다
모든 것들이 사랑스럽고 다정해야
지그시 감았던 눈에도 웃음이 보인다 했지요
무엇 하나 외면하지 않고
모든 것 받아들이는 숙명이
이제는 내가 같이 살아가야 할
친구요 동반자입니다
그동안 지나온 과거가
헛된 세월이 아니었음을 비로소 알았고
범사의 이치도 조금은 깨달았습니다
사랑하는 만큼 가슴앓이도 크지만
참아낼 줄 아는 지혜도 조금은 알 것 같습니다

이제야 알 것 같습니다

묵직하게 앉아 있는 바위도
속절없이 늙어가는 저 고목도
나와 같은 처지에 있음을
이제야 알 것 같습니다

당신이 떠나기 전
내 손을 말없이 꼭 쥐여주던
뜻을 이제야 알았습니다

푸념이 무엇인 줄 잘 모를 땐
모든 것이 행복인 줄 알고
잘도 웃었었지만

이제 내가 맥없는 바위요
죽어서도 눕지 못하고 서 있는
고목 신세 되니 속울음뿐입니다

과거를 남의 일처럼 지나치며 나를 위로하던
못난 자존심이 참 가엽습니다

나의 허무한 넋두리를 비웃듯
한 해 한 해 다시 나서 잘 자라는
풀들이 이제는 오히려 부럽습니다

나의 모든 것들이 갈 길을 잃고
넋두리처럼 돌아오는 것들은
덧없이 살아온
나의 인생임을 받아들일 때인가 봅니다

예그리나

말없이 바라보는 눈빛들이
서로에게 주는 꽃이었으면 좋겠어

표정 없는 마음도
햇빛같이 따스한 옷이 되어준다면
그것이 봄날이지
생각만 열려있어도 그것은 행복이지

진실한 사랑이 담뿍 담긴 마음으로
내 가슴을 뛰게 하는 시간들이어서
피곤을 잊고 사는 나는 행복한 사람

윤슬 같은 예그리나*
바로 당신 있어서 더 감동이었던 거야

한때는 내가 최고인 줄 알던 바보
영예로운 나그네 같다는 시절도 보냈었지

하지만 아집의 빈 껍데기 때문에 괴롭기까지 했지

마음대로 생각대로 주고 싶어도
주지 못하는 욕심 때문이었소

유행가 가사처럼 버려라 훨훨 벗어라 훨훨
나는 백치가 되어서 살아가야 할까 봐

*사랑하는 우리 사이

텃밭 간이역

푸른 바람이
모여 사는 곳이 있다

내 마음의 텃밭에
간이역을 가꾼다

주저하지 않고 발 빠른 시간도
여기에서는 쉬어간다

생의 모든 희로애락도
여기에 도착하면
누구나 새로운 미래가 싹튼다

밭이랑마다
철길이 놓이고
계절이 오고 감에도
가끔은 햇볕이 놀다 간다

낙엽으로 먼저 온 가을

살 태우는 뙤약볕

올올이 담은 옛이야기들
바람에 몸 맡기고 돌던 바람개비

외로움은 다 그런건가
생각만 해도 울컥울컥 눈물겨웠지

그냥저냥 세월 가니 가슴은 식고
그 많은 회한뿐이더라

감잎은 숙연하게 고개 숙이고
빼곡히 사연 적힌 일기장을
한 장씩 가을에 이어 붙이면

형형색색 단풍을 만끽하는 듯
온누리 풍요롭게 물들어 간다

쉽게 설명되는 추억은 없다

산골 오두막집이 달빛에 젖어 한 폭 그림 되고

기러기 나는 소리에 카랑카랑 정적 깨우는
귀뚜라미 책 읽는 소리

어스름 드는 산골 타닥타닥 불타는 소리

기다림의 정성이 익는 구수한 저녁 냄새

저녁노을 붉게 타는 가을걷이, 하루해가 닫히면
웃음꽃들이 둘러앉고

뭇별들이 눈 깜박이며 행복을 읽는 가을 정취

눈물로 아롱지는 얼굴들

쉽게 설명되는 추억은 없다

당신에 대한 그리움

손으로 만지지 못해도
눈으로 보지 못해도
지난 흔적들을 다 지워 버렸어도
잊을 수 없는 것이 있다

세월이야 어쩔 수 없어
누가 뭐라 하지 않아도
저 혼자 멀어져 가겠지만

내가 간직할 추억의 갈피에도
속삭임 같은 사랑은 있었으니

머리에 서리가 내려앉도록
절대 잊히지 않는 사람

내 마음 깊이 피어난 꽃잎이
바로 당신이기 때문입니다

부여 궁남지

잘 차려진 아름다운 풍경이
눈에 한가득이다

축축 늘어진 버드나무 밑에
타국에서 막 귀화한 이색적인
키 작은 아가씨들
면사포 속에 분홍빛 얼굴이 곱다

수려한 자태 앞에선
전신이 땀에 젖어오는 무더위도
한풀 꺾여 맥을 못 출 것 같다

양산 사이로 연꽃이 수줍은 듯 숨어있고
연밥이 자식처럼 익어가는 궁남지

물속에서 머리만 내민 수련과
홍백의 연이 하늘을 앉힌다

한데 어우러진 사잇길의
가로수도 탐방객을 위해 길 안내를 한다

수련과 물놀이에 한창인 오리들
무더위를 몰고 온 절정의 여름도
아름다운 연꽃의 자태에 넋을 놓고 있다

벼멸구 습격사건

땅 꺼지는 한숨에
속살이 타들어 가더니
이젠 아예 폭탄 맞은 들판
처참한 몰골은 왜 그리 안타까운지
온 산천이 울긋불긋
행복 충전소인데
태풍과 멸구들의 습격에 들판이
검붉게 타 버렸다
전쟁 포화 속에 쓰러져간
비릿한 내음보다 더 지독하다
어떤 기도로도 되돌릴 수 없는
이 처참한 가을엔
무심한 고독마저 사랑해야 하나
저 하늘 푸르름과
흰구름을 사랑해야 하나
지저귀는 새들은 저렇게 사랑스럽고
색색의 나뭇잎은 꽃들처럼
아름답게 치장하기 바쁜데
천하지대본임을 자랑하는 농심만
애처로운 한숨으로 타서
새까만 숯덩이 같은데

계절을 찬미하는 후조들만 좋아라
속절없이 한가득 몰려들겠네

가을과 나

쓸쓸함이 나를 손 잡고
텅 빈 들녘에 불러 세운다

잡초 무성한 묵은 밭둑
억새가 서로 부둥켜안고 비비는 소리
머릿속을 스치는데
당신을 사랑하는 동안
생의 갈피는 눈물로 얼룩졌다

이따금 철새들이 날아와
행간에 채우고픈 나의 시심마저
쪼아 먹고 날아가는 듯
만추의 서정을 노래하는 새털구름이
허허한 마음을 파고드는데

내 마음은 마른 갈바람 따라
서녘 저편으로 저물어 간다

대숲의 노래

고여 드는 대숲의 그늘
적막 속에 한낮이 숨어들고
새소리마저 조용하다

바람이 비를 불러와
우후죽순의 숲을 이루면
대나무 마디는
허공으로 달리는 열차에 오른다

외로웠던 시간이 많았을까
어둠이 스며드는 대숲에
달이 와서 비출 때
초롱초롱 별이 함께 춤추고

날아갔던 새들은 귀소를 서두르는데
홀로 떠난 나그네
하 많은 생각만 대잎처럼 사운댄다

바다를 바라보며

나 여기까지 오면서
얼마나 많이 세파에 부딪치고
운명이 바뀌었는지 몰라

마음의 썰물이 질 때면
가슴에 북받쳐 오른 것들이
포말로 삭아 내리고

긴긴날 뜬눈으로
지내기를 한평생

주책없이 속울음을 얼마나
철썩였는지 몰라

서운하고 아쉬운 일들이
밀물로 떠밀려 오는 날

달빛도 처량히 나를 비추고
밤하늘은 카랑카랑
좁은 마음을 훑어 내린다오

그대를 향하여 얼마나 많은 날
저 바다에 나가
나 홀로 무너졌는지 몰라

푸른 물빛에 눈이 찔리다

아무 생각도 없다
예기치 못한 곳에 복병이 숨어있었는지
눈 속으로 훅 치고 들어온다

번개를 맞은 피뢰침의 짜릿함이랄까
찰나, 모든 것을 지우개로
하얗게 지워져 버린 머릿속

생각을 돌려놓지 못한 눈동자도
촉이 나간 전구처럼 초점을 잃고 말았다

꿈과 현실 사이에 놓인 순간
무기력해진 시야는 아무것도 보이지 않았다

생과 사의 기로에 서서
헤매다 떠도는 시간들을
생각의 중심에 끼워 넣고 가만히 눈을 감는다

제2부

지나온 생의 잔금을 타고
고단한 상흔이 스민 가슴
웃자란 고독만 새로운 시간으로 서 있다
-「목화꽃구름」 중에서

부질없는 습관

언제부터인가
생고집에 붙잡혀 산다

여명이 아침을 열고 어둠이 저녁을 가두듯
티브이를 보면 그 이면이 궁금해진다

영상 속 인물 따라
나를 다잡는 시간의 다른 습관

앗 뜨거워 앗 차가워
목물 속에 몸을 담그면
언제나처럼 리모컨을 쥐고
하루 일과의 시작과 끝

모든 것이 빗장으로 채워진 듯
부자연스러운 일상 속에서
부질없이 굳어진
습관이란 단어를 바꾸고 싶다

내 마음의 거울

내가 보아야 거울도
눈을 뜨고 나를 본다
그 앞에 서서
뚫어지게 안을 들여다본다

오래 보아야
진심을 느낄 수 있다
누구도 볼 수 없는 것을 볼 수 있다

생각의 각도와
방향에 따라 그 깊이가 다르다

겉은 중요하지 않은 피사체

마음을 세우고 다잡는데
오랜 시간이 필요했다

가족이라는 끈

비좁은 방에서 꼬물꼬물
몸 비비며 한솥밥 먹고
모자란 이불자락 밤새도록 당기다
맞는 아침은
가족이라는 정든 단어로 표현된다

어쩌다 잘못되면
또 다른 울타리가 만들어지고
본질이 조금씩 변화하는 과정에
우리는 어색한 관계가 된다

흩어져 있어도 모여 있어도
끊어질 듯 끊어지지 않고 이어지는
보이지 않은 끈처럼 이어지는 혈연

길고 긴 여름날에 우거진 녹음처럼
가지마다 꿈이 맺듯 열매 맺고
꽃 피우는 본질의 가족이라는 소집단
예고된 인생길 구름 가듯 간다

그렇게 혈맥을 이어 가는 것이 인생이요
가족인 것은 필연 때문이다

지금은 폭죽처럼 퍼지고 멀어져
가늘어진 일가의 끈으로만 남는다

쇠비름

손톱보다 작은
우주라는 것이 있다
꿈이야 있건 말건
지금은 선택 아닌 자유의 여행
바싹 말라 버석거리는 햇살 속에
물을 박차고 튀어 오르는 연어들처럼
고개를 치켜들고 솟는다
더 깊이 속살을 파고드는 것들은
조금이라도 더 움켜쥐려는 욕심
타는 듯 뜨거운 여름을 무색하게
이기고 푸르러간다
밤새 한 모금도 안 되는
이슬 몇 방울로 허기를 채우고
생사를 가름하는 기로에도 굴하지 않는
기질을 내비치는 것들,
온갖 시련을 건너왔기 때문일까
오늘에만 충실하는 배짱 때문일까
홀로 있어도 푸르름을 잃지 않고
어엿한 너를 왜 굳이
몹쓸 풀이라 외면하는 걸까
주어진 조건이 열악하더라도

잘 맞게 적응하고
끈질긴 생명력을 자랑이라도 하듯
삶을 영위하며 꽃을 피우는 너를
나만이라도 위대한 풀꽃이라 불러줘야겠다

목화꽃구름

넘쳐나는 눈물이듯
목화꽃 핀 동네 어귀

숨 막히게 무덥던 더위도
땀방울에 가려져
이제는 한 발짝 물러났구나

저렇게 곱고 생생하게
목화꽃처럼 피어난 구름은
저 높은 하늘에 흐른다

지나온 생의 잔금을 타고
고단한 상흔이 스민 가슴
웃자란 고독만 새로운 시간으로 서 있다

이제 더 얼마나
마음 졸이며 견뎌야 하는지

누가 뜨겁게 사랑했기에
온 세상을 붉게 물들였을까

아직 내게 뜨거운 피가 흐르고 있어
단풍 같은 여인 집 문 앞에서
조용히 세레나데를 불러본다

사랑꽃

너를 두고
차마 누구에게도
사랑한다고 말하지 못했었다

너무 오랫동안
너를 알아버렸기 때문이다

오래오래 사랑하며
정들고 우리 그렇게 사랑해 왔으니

우리 이제 영원히
날이 갈수록 돈독해지기를 원한다

나의 사랑은
그대의 마음 깊이 자리 잡고 있겠지

지상의 모든 꽃들이
가냘픈 몸으로
사랑을 품어 생명을 잇듯이

나의 사랑이여
우리의 순수함을 위하여
신께서 허락할 때까지
두 손을 꼭 잡자

쓴웃음

꽃은
하고픈 말
보고픈 마음 대신
제 의미를 감춘 채
핀다

그 깊은 뜻은 아무도 모른다

목 놓아 울 설움도
흘리는 눈물의 의미도
모르니까

새들이 시간을 쪼아 먹고
쫓기는 햇빛에 그늘이 뒤따르고
비에 젖은 바람이 비틀거려도
모른다

생각지 못한 변고가 있어
우리 인연은 다 맺지 못했다

뼈아픈 이별도
사랑에 눈멀면 다 그런 거라고
지나친다

함께한 시간보다
아름답게 눈물을 감추는
쓴웃음이 더 많은 날

피멍 든 독백이 내게
먼저 닿는다

물음표와 느낌표

하얗게 휜 산등성이가

그렇게 처량하게 보이긴 아마 그때가 처음인 것 같아서 물음표로 되새겨 봅니다

이제야 어렴풋이 윤곽이 보입니다

아버지가 걸어오신 그 길

지금은 먼 길 떠나신 자취가 서러워 눈물짓지만 늦어버린 이유가 느낌표 되어 그립기만 합니다

긴 다리로 성큼성큼 건너도 될 세월의 강을 어찌 그리 조바심치며 건너셨던 이유를 서산에 해지고 나서야 알았습니다

그 느낌표가 어떤 의미인가는 자식들의 흰 머리카락 사이로 역력히 보았습니다

세월에 맡기는 인생

나무야 울지마라
바람은 다 그런 거란다

추적추적 비가 오면 그 빗속에 눈물만 보이더냐

외로움은 언제나 고통 뒤에 숨어서 온다

근심 걱정은 거품 같은 것
때가 되면 언젠가 흩어져 버리지

못 이룰 희망은 아무 소용 없는 티끌 같고
마음속 걱정일랑 시간에 맡기면 해소되는 법

세상살이의 묘미는 지나감에 있지 않은가

우리 삶이 다 그런 것처럼 인생이 참 짧다

소나무 분재

훅 불면 날아가
재 한 줌도 못 될 나이에
사람의 손에 길들여져
세상 사는 법부터 배웠다

뒤틀리고 목마른 갈증은
이미 생활의 일부가 된 나

병들고 험악한 삶일지라도
그저 살아내야 한다는 일념뿐이다

애늙은이에서 늙은 아이로
탈바꿈하는 뼈아픈 과거에는
희로애락이 혼곤히 비벼져
눈물마저 메마른 고목이 되었다

오늘은 왠지 그 과거마저 그립다

그 아픔까지도 사랑스럽다
이것이 나의 본모습일까
상념에 젖어드는 가을
번민하는 욕망이 낙엽처럼 흩날린다

파김치 한 통

풀이 팍 죽어
죄인 같이 꽁꽁 묶여 온 소쿠리 속
포승줄 풀고 하나하나 검열을 한다

하얀 머리통 잘라내고
겉옷도 홀랑 벗겨 까 내리고
꺼칠하고 색 바랜 꼬리 떼어내
한 곳에 모아 놓으면 새파랗게
싱싱한 청춘만 모인 군대가 된다

아내는 미용사 아니 마술사
시끌벅적 청춘들을 금세 곱게 화장시키고
다독거려 조용히 재우면

통속에 머리 가지런히 누워 자는
아이들의 향기가 황홀하게 번진다

군중은 고개가 저절로 기웃기웃
입속에선 벌써 반란이 일어나
꼴깍꼴깍 침 넘길 수밖에 없는

맛있는 파김치 한 통

어느 노인의 독백

하늘에서 내려다본
김제 만경 들녘

칸칸의 속내가 따로 있는지
색색으로 변할 때마다
평수 넓은 바둑판이 된다

수건 두른 아낙네의 빠른 모심기에
한 줄 한 줄 논바닥이 수놓아지고
무릎까지 걷어올린 검은 핏줄 다리가
그 너른 들판에서 모춤을 추었지

추억 같은 기억을 뒤로하고
손발 대신 육중한 이양기가
이불 누비는 재봉틀처럼 모를 심었지

생전의 어머니는
어디 가서든 밥 굶지 말라고
내 어깨를 다독이며 논밭으로 일 나가셨지

참 편리한 세상이야!
후우-~
꼬부라진 등골 같은
그리움을 흘리며
누런 논두렁 사이로 노인이 옛날을 회상하며
독백을 곱씹고 있다

일렁이는 그리움

파르라니 여윈 강물 위에
어머니의 마음이 흐르고
아버지의 말씀이 다정한데

강물이 굽이굽이 흘러가다가
머물고 쉬어 가는 곳
섬진강변 곡성 기차 마을
내 어버이 고이고이 쉬고 계신 곳

모든 것 다 내주고도 모자라서
강물 위에 떠 있는 하늘에서
꿈속처럼 쉼 없이 일렁거린다

뇌리에서 툭툭
가슴에서 뭉클뭉클
내뱉는 한숨이 포말 되어 사그라지고
어버이 잔잔한 미소
물결 되어 일렁인다

가을

거칠고 황량한 세월을
파랗게 파랗게 걸어 왔네

황금 들녘 새 떼 무리가
가을을 훔쳐 날아가듯
어머니는 그렇게 가시고

나의 잿빛 가슴은
하늘을 덮고 천둥소리 내며
비처럼 눈물을 흘렸지

누군들 살아
한때 청춘이지 않은 적 있었던가

나의 작은 마음은 나무 밑을 맴도는
가을 낙엽처럼 뒹군다

끝나지 않는 여정의 연속
망각의 세월로 깊이 빠져 간다

지게의 생애

봄 새싹들은
사랑 한 짐

시간 먹고 커 가면
젊은 꿈 한 짐 지고
패기로 넘는 고개

울고 웃고 후회하는
사랑 한 짐 얻어
희망 포부 짊어지고
여름 바다를 건넌다

잔물결 큰 물결
비바람 헤치며
과거를 돌아보며 앞으로 간다

굽이굽이
돌고 도는 아리랑 고개
앞만 보고 넘고 넘어 도달한 쉼터

마음대로 정착 못 하는
가을의 마음 짐
눈치 짐의 고뇌

또 하나의 아이가 만들어지는 시점
다시 피는 욕심의 희망 짐은

가로막는 시간의 빙벽 앞에
맥없이 무너지는 회한의 꿈

윤회하는 세상 속
또 다른 아침
굽은 등뼈를 힘껏 일으킨다

당신의 말씀

처량한 달빛 같은
말씀마다 사랑이 묻어옵니다

눈을 들어 바라보면 가냘픈 당신
빈번히 외면받는 마음은
사선을 넘나드는 괴로운 심정

햇살 같은 마음으로 얼음을 녹인
당신의 온몸을 감싸 안아 준다면
눈 녹듯이 당신도 따라 녹아 주오

갓 시집온 당신 생각 눈물이 나오
세필 모시옷 같은 아련한 당신

세월 주름지고 삭정이로 남아
지친 몸 의지하는 침대에 누워
오늘도 나의 빈 마음 달래주는
뭉클한 당신의 말씀

달리는 물

바다는 심장이다

강은 막 항해를 마치고 온
지구의 핏줄이다

온갖 세상 이야기와 전설을 싣고 들어온
커다란 무역선이다

바다의 모든 생명들을 깨끗이 정화시키고
파란 이야기를 펴서 널어놓으려
뭍으로 달린다

즐겁고 뭉클한 이야기
전설로 이어주고 여기저기 웃고 노래하고
꿈을 심는 이야기도 해준다

멈출 줄 모르는 마음
낮은 데로 향하는
물의 본성은 오늘도 쉼이 없다

생명이 되는 빗물

햇볕에 그을린 대지 위에
우두두두
말발굽 소리로
비가 쏟아진다

단비가
사막의 생명수처럼
모든 것들의 갈증을
단숨에 거둬 간다

풀 죽어 고개 숙인 것마다
어느새
생기를 얻어 꼿꼿이 일어난다

어버이의 깊은 정처럼
하늘도
모든 생명을
무척 사랑하시나 보다

비에 젖은 문장처럼

신비롭고 오묘한 자연의 이치에
길들여진 인간들은
잊어버리고 사나 보다

만남

가늠하지 못하는 시간들이
나뭇잎을 흔든다
재촉하듯

심장이 초를 세듯 내 눈길도
창밖 길 너머에 서성인다

지금은 님을
기다리는 시간

귓볼 뜨거운 이야기가
꽃처럼 피어나는데
별 눈 반짝 달콤한 시간들

꿈결 같은 서로의 눈빛
눈처럼 녹아 잊혀지는
다가올 이별과 아쉬움의 강

취한 듯 설레어
그윽이 바라보면
촛농처럼 뜨겁게
우리의 시간이 녹아내린다

제3부

하루는 어둠과 밝음의 복합체
채우면 비울 줄도 알아야 인생이다
- 「그림자 돌아보기」 중에서

눈빛언어

나린의 헤윰을
우리가 어찌다 헤아리겠소 만은

만질 수 없고 볼 수는 없어도
생각하고 느끼고 표현할 수 있는
감정을 지닌 우리는
눈물도 웃음도 자아낼 줄 안다

표현이 없다 해서
마음조차 없지 않은 눈빛언어

가슴속 깊은 곳에 사랑은
거울로도 보이지 않던 마음을 여는 열쇠가 되어
희망과 행복으로 이어주는
진정한 사랑을 할 수 있다

만만치 않게 살아내는 것이 우리의 삶일지라도
서로 의지하고
고달픔도 이겨낼 수 있던 우리는

서로 빛과 소금이 되어주고
이해하고 사랑하는 훈훈한 끈으로

오직 온새미로의 마음으로 따라준 당신 덕이었소

우리가 어찌다 헤아리겠소
나린의 헤윰을

＊나린 : 하늘이 내린
＊헤윰 : 생각

무심한 듯 피는 매화

사르르 추위가 사라지는 소리
바깥세상 무심히 바라보는 가지는
살포시 눈을 뜬다

기다리는 마음을 비집고 나온 너
애타게 그립던 그 자태
청초한 얼굴로 봄 향기를 담아와
은빛 다소곳한 너는 분명 봄의 전령사다

까닭 없이 피는 꽃은 없듯이
추위를 참는 고통처럼 하얀 향기가
온몸으로 치솟아 오를 때

그 격한 설움도 화사한 웃음으로
승화시킬 수 있는 너야말로
순결하고 고고한 봄의 넋이 아닌가

의연한 자태는 향기마저 외로워
그 모습 다하도록 지켜보는
내 마음 같은 섬진강 매화마을

애타는 마음 감추고 무심한 듯 흘러도
기다리고 그리는 마음은 그칠 줄을 모른다네

그린내 가로등

먼발치에서
긴 그림자를 끌고
무겁게 걸어오는 하루 끝자락

골똘히 생각에 잠긴
걸음의 방향을 이끌어 주고 싶어
기다리는 그린내* 되어 서 있다

잘 풀리지 않은 숙제처럼
머릿속을 흐리는 연막을 걷어주고
귀가를 가볍게 해 주고픈 마음

빛이 되어 내리다가 땅을 박차고
튀어 올라 어둠을 쫓아내고 있다

무겁고 긴 그림자도 떼어버리고
이끌어주는 안내자가 되고파
오늘도 외로운 눈을 부릅뜨고

저 멀리서 삶의 무게를 지고 오는
길손들을 기다리며
어둠을 물리치고 있는 그린내들

*연인

그림자 돌아보기

한결같이 따라다니고
떼려야 뗄 수 없는 끈질긴 놈

무엇이 그리 좋아
악착같이 붙어 다니는지?
밝으면 따라붙고 어두우면 숨는
나의 분신, 나의 아바타

밝음은 어둠을 알지 못하고
어두워야 밝음이 있음을 아니
밝음 속에도 어둠이
어둠 속에도 밝음이 존재한다

하루는 어둠과 밝음의 복합체
채우면 비울 줄도 알아야 인생이다

세상의 가장 낮은 곳에 임하는 본영
나에게 불안한 그림자가 있는지
길게 돌아보는 날이다

이 가을의 낭만

바람이 양떼구름 몰고 와
더위를 저만치 몰아내면 어느새
억새의 계절

풍요로운 세상으로
국향 머금은 가을이 서늘함 앞세우고
소리 없는 빗속에
꿈길을 달려온다

살살이꽃 사이에 숨어든
억새들이 아련한 기억을 날리면

산과 들이 메마른 기침을 한다
센티멘털한 사람들이
나누고 채우는 녹명鹿鳴 같은 마음

바람에 실려온 향기에 젖어
화폭을 화사하고 향기롭게 채색해 준다

색소폰 소리 대금 소리 심금을 울리듯
억새 갈대 소리 짙은 이 가을

떨어지는 잎새 사이로 하루가 저물어 간다

억새꽃 지는 가을

꽃 목을
하나둘 들어 올린다

하얗게 하얗게 서러워질 땐
온 산에 단풍도 흐드러지겠지

억새꽃 가을꽃
가을바람을 타고
투박한 손 흔드는 엄마 품 떠나

미련 없이 두둥실 희망을 찾아
제각각 뿔뿔이 흩어져가네

온몸을 부벼 사그락대며
흐느끼는 울음도
아랑곳없이 떠나네

억새꽃 내 가슴 속으로 지네

박속처럼

박은 속을 박박 긁혀야 산다
새것을 담으려면 더더욱 그렇다

나도 박속처럼 긁히며 산다
인생사 힘에 부쳐 쫓기며 살다가

한잔 술로 달래다가 술에 긁히고
집에서는 아내와 자식들에게
긁히고 긁혀 투박한 겉만 남는다

오늘도 축 처진 내 어깨는
어김없이 속을 긁혀
다 내주고 나니 차라리 속이 후련하다

내일은 또 다른 속을 채우고 또 채워
탈탈 털리며 살겠지

그래도 웃고 산다, 속없는 나는

당신의 푸른 꿈

벚꽃 지는 섬진강에서
나비의 눈물처럼 바람에 꽃잎 흩뿌려지면

그대와 마주한 밥상에도
눈물은 벚꽃처럼 떨어져 내려
가는 봄 끝자락 씹으며 마음에 새기던 그림

감돌아드는 물살처럼 청초한 꿈을 꾸고 있다
겨울에 붉은 열매 바칠 때까지

석양은 오렌지처럼 붉게 물들었다

강물도 다 못 그린 그림처럼
섬진강의 그 연연한 꿈

시절 시절이 그리운 당신뿐입니다

전주 천변 풍경

천변을 오가는 산책길
한해의 허물 벗어둔
메마른 길섶

추위 속에 서로를 부둥켜안은
그 사이로
금방이라도 꿩이 쪼르르 날아올 것 같다

물 위에 둥둥 뜬 오리들
곰상곰상 짝지어 노닐고
길 위엔 차들이 분주하게 오고간다

하릴없는 백로들 물속을 살피다가
제 모습 쪼아대고

건강을 지키려는
사람들의 걷기 운동처럼
자유로운 영혼들의 천변길 풍경

여름 소나기

툭 투두둑 쏴-
한꺼번에 하늘이 열린 듯

굵은 물방울이 쏟아져
정신 줄을 놓는다

들짐승 떼 발소리 같은 빗물 세례에
거리는 갑자기 물바다의 아수라장

하늘과 땅 사이를
적시며 쏟아붓던 비
언제 그랬냐는 듯 그치고
또다시 더위가 고개를 들어도

소나기 너는 신령한 악기처럼
언제나 굵은 빗줄기만큼이나
속 시원했다

돌, 여기까지 오기엔

 쉼 없이 내 곁을 훑고 흘러가는 것들이 나를 여기 있게 만들었는지도 모른다

 지나온 시간과 비, 바람
 그리고 어떤 힘에 밀려 부서지고 깨지고 빼앗길 것 다 빼앗겨 이젠 홀로 되어도 두려울 게 없고

 외로울 게 없는 돌

 세상 이야기의 한 토막 주인공이 되어버린 나는

 지나간 나의 과거를 그리며 오늘도 조용히 다가 올 앞날을 기다리고 있다

산 정상에 오르면

1.
바람이 하늘에서 구름배 타고 놀면 계곡마다 물들이 제 길을 찾아 나선다

고고한 바위들은 우뚝우뚝 자태를 자랑하고 아랫녘 초목들은 푸르름을 자랑하며 계절을 묶는다

그 속에 우리네 삶이 제 잘난 맛에 살다 시간에 쫓긴다

구름과 바람이 한패가 되듯 나 또한 이 세상과 한 몸이 되리라

2.
가쁜 숨 몰아쉬며 산에 오르니 온 마을이 고즈넉하구나

구름의 조화 속에 천지가 하나 되니 광활한 우주 공간 속에 홀로된 나

신선 된 착각 속에 덩그마니 귀만 남아 나를 지킨다

비구름 몰려가고 해가 뜨니 온통 커다란 초록 파도 위에 얹혀진 나는

세월의 물결에 떠밀려 온 한 장의 가을 낙엽같구나

겨울과 나

파도가 웁니다
갈매기처럼
끼룩끼룩 커억 컥

목이 쉬고 울다
눈물 다 말라도
아무도 모르게 속으로 속으로만
목 놓아 웁니다

죽음의 그림자와 힘겹게 싸우는
오로지 당신 생각에
내 마음 갈 길 모르고
내 눈길 둘 곳 잃어 흔들리는 촛불

겨울 싸한 냉기가 온몸을 감싸고
서러운 바람도
질척거리는 길 위에
앉아 우는 눈들도

어찌 내 마음만 같으랴

차라리 떠날 것은 떠나라
봄기운에 쫓기듯
그냥저냥 가거라 서러운 것들 모두

나의 봄날이여
어서어서 오라

따뜻한 나의 봄꽃을
하루빨리 피우고 싶다

파도

물고기들은
검푸른 바다가 싫어
꿈을 좇아 하늘로 가고

동해에는
불끈불끈 수평선
붉게 열리는 먼동이 튼다

쓰러지는 사람아
바다를 보라
일어서는 사람들아
바다를 보라

쓰러지기 위해 일어서는
일어서기 위해 쓰러지는 파도

홀연히 쉰 목소리
바람이 거세게 할퀴고 간 언저리에
오르지 못한 몸뚱이만 남아

거센 몸부림 되어
갯바위에 부딪혀
산산이 부서지는 아픔이 된다

하늘의 이치

나는
그가 항상 바라보고 있음을
잊고 살 때가 많다

가끔 하늘을 보면
깊고 커다란 눈으로 그도
조용히 나를 지켜보고 있었다

때마다 표정을 바꿔 내려다보며
세상 돌아가는 것을 지켜보는
그의 섭리는

자연은 때가 되면
때에 맞게 생동하는 이치다

나의 모든 것을 관장하는 하늘

그래서 나는
사람에 부끄러워지려 할 때마다
깊고 넓은 하늘을 보며

내 안의 허깨비를 쫓아내고
나를 비우려 몸부림친다

꽃과 나

간밤에 잘 잤니?
춥지는 않았는지

이파리 사이로
밤새 연등을 매달고
지켜보는 등꽃

다 꺾여져 몸뚱이만 남은
붉은 철쭉이 그 몸 감추려고
한껏 꽃을 피워
초라한 세상을 감싼다

그만 아파라
별들의 기도 소리
들었을까 몰라
바람이 호호 부는 입김
느꼈을까 몰라

네 마음 너무 예쁘다
이제라도 제발 아프지 말고
행복해라

창밖 먼발치서
간절히 비는
나의 절절한 기도 소리
닿았을는지 몰라

청매실 푸른 그림자

설한풍에도 매향이 날아든다

봄의 입김에 탱탱해진
젖꼭지를 내밀듯
매실은 얼굴을 드러낸다

유월에 영그는 열매
바구니에 가득가득

엄마 품에 매달린 자식을 떼어내듯
청매실을 딴다

솜털 보송보송한 자태

통실통실 둥근 그림자만 허공에 남기고
여름밤 꿈을 꾸듯이

그득그득 담긴다

제4부

문틈 사이로 보이는 분위기가 클로즈업되는데
불나방처럼 뛰어든 나에게
꽂히는 시선들이 따갑다
-「오감의 느낌」중에서

생각의 힘

나의 역량은 이만큼이라고
선을 긋는 것은
한 뼘 자존심이 허락하고 싶지 않은 범위

누울 때 홀가분한 기분보다 벌떡 일어날 때
치솟는 용기로 더 큰 상쾌함은
표정과 눈빛도 힘이 되어준다

무거운 잠을 깨우는 아침
비우고 다시 채우는
일상이 더욱더 즐거워진다

하늘처럼 기분도 밝게
오늘 쓸 힘들을 차곡차곡 쟁이고
즐거운 일터로 간다

가족들의 무언의 힘이 자극제가 되어
주어도 더 주고 싶은 사랑의 힘으로
하루해가 가볍게 느껴진다

오늘도 한계를 가늠당하기 싫어
최선을 다해 하루를 마쳐야겠다

마음의 시각

색안경과 돋보기안경의 차이가
똑같은 얼굴에 번갈아 산다

소중함과 시비가 대조를 이루듯
사랑과 건성의 눈빛이
웃음과 냉소로 두 안경에 나뉘어 비친다

따뜻함과 차가움이 공존할 수 없듯
관심과 무관심이 언제 운명처럼 변할지 모르는
회전 교차로에 살고 있는 우리네 삶

지나친 관심은 욕심이 앞설 수 있고
날 선 말들은 아픔을 동반할 수 있다

두 안경을 번갈아 사용하여
잘못을 볼 때는 색안경처럼 못 본 체하고

작은 것도 돋보기처럼 크게 보아서
칭찬과 용기와 사랑을 심어준다면
웃음과 희망이 다시 깨어나는 세상이 올 것 같다

오감의 느낌

어쩌다 늦은 모임방 앞
문 뒤에서 알듯 말듯 들리는
웃음과 말소리가 새어 나와 오감을 깨운다

나만 모르고 남들은 다 아는듯한
묘한 상황의 흐름 때문에 괜스레
도둑고양이처럼 발끝을 든다

저지른 잘못을 들킨 것처럼
심장은 어쩌자고 쿵쾅대는지
두들겨 맞는 듯
쉽게 문을 열지 못하고 귀만 쫑긋 세운다

문틈 사이로 보이는 분위기가 클로즈업되는데
불나방처럼 뛰어든 나에게
꽂히는 시선들이 따갑다

와 하고 반겨주는 사람들 속에
주인공이 돼버린 어설픈 분위기
웃음으로 얼버무리고 나니
눈치 없기가 발바닥 같다는 속담이 실감 난다

멀뚱하게 남의 눈치에
제대로 기를 펴지 못한 날이었다

홍시

잘 익은 홍시
손 닿지 않은 가지 끝에 달려
말없이 나를 유혹하네

내 것이 아니어서인지
유난히 잘 익어 붉은 것이
크고 탐스럽다

욕심은 마구
담을 넘어가고 싶어 안달하고
군침만 삼켜
애써 고개를 돌릴 수밖에

눈으로 따먹고 마음으로 따먹어

쿵쿵 쾅쾅 두 방망이 가슴
그 마음 주인에게 들킬라

조력의 힘

밝던 하늘이 점점 어두워집니다
생의 짐이 버겁게 느껴질 때
내민 손이 그렇게 반갑고 고마울 수가 없었습니다

까마득 높게 보이던 산꼭대기도
이젠 낮아 보이네요

지칠 대로 지쳐 일어날 기운조차 없어서
포기하고 싶을 때
들리던 따스한 말 한마디가 용기를 북돋워줍니다

다시 살아난 책임감과 사명감이
나를 곧추세우고 가던 길을 재촉합니다

여기까지 쉬지 않고 올 수 있었던 것도
포기를 잊게 한 것도

힘들어할 때 말없이 나를
응원하듯 끌어주고 밀어주는
힘의 원천이 되어준 당신이 있었기에 가능했습니다

이제 오랜 번민의 발자국조차 가볍습니다

초록 속에 핀 그리움

백일홍 한 떨기
초록 속에 홀로 서서

붉은 피 토하며
꽃 치장하고
누구를 기다리나

목 놓아 우는
애틋한 그 마음을
누구에게 전하려나

한여름 더위도
더는 어쩌지 못하는
뜨거운 열정

그리움 붉은 사슬로 엮어
목에 걸고

길 지키는 장승 되어
온종일을 서 있나니

열정적인 사랑만 주고 가신
나의 님이시여

흐르는 구름처럼
바람처럼 지나더라도

한 가락 연가戀歌라도
들려주소서

만추 서정 수묵화

상서로운 구름 아래
바람처럼 부드럽고

물처럼 여유 있게
번개처럼 날카롭고
강철처럼 단단하게

붓끝에 마음 실어
앞날을 이야기하듯

커다란 바위에 뿌리 내릴
소나무 한 그루를 심는다

먼발치에 핀
국화라도 따라와 살면
그 또한 즐겁고

절벽 맑은 물이
산그늘을 안고 누워 살겠지

빨간 애기 단풍
손바닥 같은 조각배 되어
만추 서정 실어 나르고

사슴 한 쌍 놀러 와서
고개 들어 먼 산 바라보는
족자 속의 수묵화

산사의 묵상

서녘해가 흘끔흘끔
붉은 옷자락을 감추려
산 뒤로 숨어든다

해를 지나 흰머리 더 늘어난 나는
가난한 노년의 마음으로
가슴에 깊은 골을 내고

주체하지 못하도록
뜨겁게 흐르는 것들
초라해진 자신을 단심에 올린다

울컥 치미는 울화 달래려
자주 하늘을 바라보지만

머릿속에 이는 묵상들은
실의失意를 자아내는 허무로
나와 동행한다

머리에 얹힌 치즈 덩이가 녹아
온몸을 적셔 흘러내려도

무념무상의 경지에 들어
미동의 동요도 모른다

인생의 아침 해를 생각하며

바람에 실려 온 꽃심

겨울이
옷깃을 여미고
고목 나뭇가지 끝에 물이 오른다

꿈 실은 봄 나래들
날갯짓 가벼이
봄 향기를 흩뿌린다

꽃으로 문을 열어
그윽하고 감미로운 비단 바람이 불고

화사로운 얼굴로
푸른 잎들이 하늘거리면
더욱 붉어지는 꽃심

안개치마 걷어가는 햇살들이
다시 문을 여는 대지에는
곳곳마다 환한 미소로
들고 일어서는 봄

사랑의 뜨거운 열기는
붉은 장미로 피어
새들의 노래와 정겨워진다

봄 향기와 함께 마음 설레고
짝짓기를 마친 새들은 만화방창
봄을 노래한다

노송의 세월

호젓한 고갯마루에서
작아진 키는
굽은 허리 탓이라며
푸념하는 애늙은이

두툼한 껍질 사이로
애환 서린 옛이야기가
흘러내릴 것 같은 외로움으로

꼬부랑 세월의 고갯길 오르는
길손들에게
쉬어가라 등 내어주는 마음

길게 내뱉는 한숨
골골이 이야기처럼 흘리던 눈물아

단풍나무 외쪽 날개로
칼처럼 번뜩이며
품 안으로 파고들 듯 오시는 님

오늘도 먼 길 돌아와 안길 날

목메게 기다리는
그리움만 누덕누덕 기워입고
천년을 기다리며 서 있구나

신혼

나는
길동무를 기다리는 길손
당신은 동녘에서 햇살처럼 찾아오신
나의 님

나는 당신의 두 손 맞잡고
미지의 세계를 찾아서
미래를 향한 동반자 되어
새벽길 떠나야 할 길손이라오

머언 훗날
뒤따라올 후예들 위해
부끄럽지 않을 흔적을 남겨두라고
먼 길 떠나는 우리를 위해
길 밝혀주고

온 세상에
푸른 카펫을 쫘악 깔아 놓으셨다

꼭꼭 찍은 발자국 속에
사랑을 깊이깊이 심어가면서

꿈을 향해 부지런히 걸어가라고
곱고도 곱게 펼쳐 주셨다

마음으로 사는 세상

문명을 다 버리고 휘돌아 들어앉아 두둥실 춤추어도
세상모를 세상

속세를 떠난 듯 벌레소리 한가로워 모든 것이 벗이요
욕심 없는 바보로다

별초롱 눈초롱 어둠 속에 빛나고 흐르는 물소리에
흥겨워 노래하면 꿩 울고 노루 뛰노는 오늘

마음이 밝아오니 흥겨운 하루
세상사 시름없으니 어찌 마다 할쏘냐?

오늘도 내일도 즐거우면 이곳이 무릉도원 나만의 천국
이 몸 다 하도록 세월을 누려보리라

미명

풀꽃은 감사하는 마음을
아침 햇살에 실어
보석처럼 반짝인다

사라질 이슬방울을
밤새 만들어 바치려고
풀은 하늘 바라며 살고

한 줌 희망을
얻어서 내일을 영위하려고
모든 것을 내어준다

온갖 생명들은 이름을 얻으려고
자태를 곱게 하고

너와 나 모두
밝은 빛살로 얼굴을 밝힌다

철 이른 낙엽

올올이 눈에 담은 옛이야기
흐르던 물 되돌아 못 오듯

울먹일 만큼 그리운 것은
다 그러한 것인가
애초엔 생각만 해도 눈물겨웠지

세월 가고 나도 가니
가슴은 식고
저 먼 이정표조차 흐릿하구나

감잎은 붉은 불 밝히고
내년을 기약하듯
한 잎 두 잎 눈물처럼 떨군다

무게를 느끼는지
허공을 가볍게 날던
잠자리 날개도 지쳐 보인다

온갖 빛바랜 색채들만 지나는
가을을 만끽하려는 듯

온 누리는 풍요롭게 물들고

또 한 해의 마음이 얼음처럼
차갑게 식어가겠지?

저수지처럼

저수지에 물을 채우듯
채우려는 욕심이 자꾸 생겨
만족을 모르고 살았다

낙엽은 썩어 땅에 스며들어
온갖 것들을 이롭게 하고
새로운 역사가 되는데

이놈의 욕심은 날이 갈수록
주름처럼 늘어만 가는구나

얻음이 있으면 얻은 만큼 비우고
얻은 만큼 만족하는 것이 이치이거늘

항상 준비된 마음 자세로
오늘도 빈자리를 만들고 싶다

윤슬로 반짝이는 저수지처럼

당신이라서 좋다

그냥 좋다
나는 당신이 좋다
당신이 사람이어서 좋다
무작정 좋다

예쁘다 웃어 주어서 예쁘다
꽃보다 예쁘다

그래서 좋아하고
사랑할 수밖에 없다

그게 내가 살아가는
이유라면 이유가 될까?

당신이 당신이라서 좋다

풀꽃 세상

작은 풀꽃 한 송이를 바라본다

작고 볼품없다 무시하지 마라
생명은 누구나 소중하니까

밟지 마라
그들은 나름대로
숭고한 사랑으로 피었을 테니까

목을 꺾어 쪼그리고 앉아
눈이 부시도록 바라본다
이제야 진정한 아름다움을 알겠다

그 작은 몸으로
겨우내 추위의 고난을 견디고
지구의 한끝을 움켜쥐었다

끈기와 용기로
맞서 싸워 이겨낸
그 위대함의 자축인 것을

벌 나비 가리지 않는
키 작은 풀꽃의 향기를 본다

함초롬히 젖어 피는
풀꽃 세상
우리들 세상

담대한 꽃은 위대하였도다

알 수 없어요

참으로 먼 길을 걸어왔군요
돌아보니 저만큼 먼저 피던 꽃
보이지 않을 만큼 멀리 왔군요

창창할 것 같던 앞산도
아득히 멀어져 안 보이던데
또 얼마만큼의 뜬구름 흘러가야
이 길의 끝이 보이게 될까요

얼마나 더 눈비 맞아야 단단한 바위가 될까
얼마나 더 욕심 내던져야 할까요

부질없다던 인생살이
다 그런 건지, 얼마나 더 살아야 알게 될까

행여나, 행여나 하다
가는 게 인생 아니던가?

아침 풍경

큰 그림 그리려고 나온 햇살이
새소리 앞세우고
온 동네 집집마다 노크를 한다

산밑 다소곳이 고개 숙인 지붕 위에도
행복한 햇살이 스치듯 지나가기만 해도
집들은 환해진다

새 희망의 노랫소리에
모든 사람이 어둠에서 깨어
부지런한 농부들 도시아이들
하루를 재촉하는 바쁜 발걸음

동네 어귀 옹달샘 같은 방죽도
안개 장막을 걷어내고
큰 눈 반짝이며 햇살을 맞이하는
자세를 취하고 있다

대숲에서

한낮의 적막 속에
대나무숲 그늘이
숨어들어 수런거리고

가지마다 낭창거리는
파란 하늘이
또 하나의 숲을 이루어
수직으로 달리는 열차에 그늘이 올라탄다

어둠이 몰려드는 대숲에
달이 비집고 숨어든다

닿을 수 없는 먼 곳까지
별 같은 내일이 초롱초롱

노래로 춤으로
넘쳐나는 대숲
거대한 마법처럼 푸른 축포를 쏘아올린다

제5부

얼굴에 숨어 사는 심상
햇빛을 쓸까 그늘을 지울까 생각하다
모호한 연관성을 찾지
-「표정으로 읽는 심화」중에서

각도와 간격

사람도 서로 관심 있게 보아야

상대의 진가를 알 수 있다

눈에 넣어도 아프지 않을 듯한 자식

떨어져 있으면 못 살 것 같던 아내도

눈에서 멀어지면 생각이 나지 않을 때가 있다

물가에 구르는 수많은 돌처럼

못난 돌이 어느 날 보석 대접을 받고

보석 대접을 받던 사람이

아무 관심 없이 평범하게 전락되어

빛을 발하지 못한다

처음 조그맣게 벌어진 각도가

한번 벌어지기 시작하면 걷잡을 수 없이
그 간격이 넓어진다

조용한 가운데 풍기는 아름다움은

자연이 가르쳐준 순수한 이치

새로운 가치와 깊이 차이는 선한 습관으로 점철된다

온 세상 이치가 다 그러한듯하다

표정으로 읽는 심화

생겨난 주름 속
표정으로 읽는 심화心畵가 있지
밝은색이었으면 좋겠어

어둠이 가린다고 꽃이 꽃 아닌가
햇볕 들지 않는다고 그늘이 없을까

얼굴에 숨어 사는 심상
햇빛을 쓸까 그늘을 지울까 생각하다
모호한 연관성을 찾지

존재의 집에서 나를 끄집어내 줘
색채의 변화를 재빨리 읽고 상황을 낚아채는
발 빠른 눈치가 있지

어둠을 밝음으로 바꿀 수 있는
간추려진 세 치 혀의 화술은
찡그림을 웃음으로 변화시키는
마술이 있지

그러니
시대의 뒷모습 같은 표정은 짓지 마

나에게 지는 나

마음속 오감의 떨림
생각을 흐리게 하고 분별을 흐리게 하여
나를 지배하려 한다

파도는 언제나 부서질 듯 밀려오고
깨어진 현상은 언제나 흰 포말뿐

연극 같은 세상사에 휘몰아치는 노도
언제나 내가 지는 백사장이 되었지

파도를 이기는 갯바위를 세우자
더 이상 깨어지기를 거부하는 마음
벽을 만들어 막으려다 깨어진다

손뼉도 마주쳐야 소리가 나는데
꼿꼿한 나무처럼 맞서다 부러지느니
풀처럼 쏠려 지내면 탈이 없을까

우월감과 열등감이 서로 손을 잡는다
세상은 무심이요 나를 이기는 법은
내가 나에게 지는 것이다

추위를 견디는 꽃

움츠린 몸으로 끙끙대던 추위

그 짜릿짜릿한 산고의 위험을
혹한으로 풀어내려던
네 고뇌를 이제야 알겠다

여린 새 생명들을
그렇게 키워 봄의 궁전에 바치려

겨우내 온몸을 뒤척이며
오지랖을 떨고 있었던 것을
나 이제야 알겠다

실루엣만 남겨두고 날아간
새를 바라보며 꽃은 손을 흔드는데

이 시린 순백의 아픔을
성숙한 웃음으로 곱게 피워내
온천지가 환하게 웃겠다

기지개 켜는 봄

어느새 힘 빠지는 겨울에서
또르륵 봄 오는 소리가 들린다

동장군의 기세에 눌려
희망을 포기하고 잠든 정적들

매화가 봄 치장을 시작하면
물가 실버들도 눈치껏 꽃을 챙기고

시커먼 몸뚱이는 시침을 떼고
실 가지마다 어느새 봄옷을
사알짝 입고 나선다

제비가 봄을 물고 와 흩뿌리면
졸 졸 졸 방긋방긋 아장아장

기나긴 겨울이 새봄에 차이고
천지가 긴 잠 깨어 기지개 켠다

비는 음악가

비가 오네요
처마 끝으로 물방울이 몰리네요

방울 되어 차례로 도 레 미 솔 도 레 미
차례로 떨어지네요

여기서 퐁 저기서 포봉퐁
둥가다닥 툭탁 쪼르르르륵

빠르게 느리게
격정적으로 듣는 이 없어도

박수를 받지 않아도

종일토록 연주하고 놀다 가네요
비는 음악을 정말 사랑하나 봅니다

거울을 보며

가만히 들여다 본다
네가 나를 빤히 쳐다보듯이

그러다 그냥 피식 웃어 보았다
내가 아닌 네가 먼저
웃고 있을 것 같아서

그리고 차례차례
오만상을 찌푸려 본다

연탄불 위 오징어 구어지 듯
찌그러진 상을 다 지어보아도
다시 보면 피식 웃음만 나지

그래도 가끔은 근심 걱정 없어
내면이 사랑스럽고 평화로워서
웃지 않아도 웃고 있는 듯한
모나리자의 미소가 부러워진다

그대의 몸짓

그대 춤사위마다
꽃향기로 남아 미소가 번집니다

동작은 점과 선의 이야기

노송이 바라봐도 미소 짓게 하는
아기의 꽃 웃음

발자취마다 먼먼 기억이
되살아나 그대의 몸짓에
울컥울컥 가슴이 먼저 웁니다

지난 세월을 오늘처럼
영원히 멈춘 시간 속으로 가면

눈이 다른 곳을 보지 못하게
곳곳에 마력을 숨겨 둔 듯
두 손도 넋을 잃어 갑니다

지나온 자취마다 고인 전설이
새록새록 되살아나

감동으로 메아리집니다

그게 내가 본 당신의
매혹적인 모습이랍니다

나 외롭지 않다

공원의 긴 벤치에
홀로 앉아 있어도
그저 외롭지 않다

지나는 바람이
잠깐잠깐 쉬어가고
그늘이 햇빛에 쫓기어
숨었다 가고

이슬이 앉았던 자리
구름이 다가와 앉으면
도란도란 이야기들도
앉았다 가고

그림자들은 떠나가도
이야기는 두고 가서
바람이 낙엽들을 데려와
조용히 소곤소곤 이야기할 때는
외로움도 함께 한다

무한 리필되는 그리움
홀로 있어도
절대 외로울 새가 없다

유성이 한 획을 긋고 지나간 뒤
달이 너무 밝아
별들이 나무처럼
우두커니 서 있기까지는,

심장 속의 건반

두드려지는 건
건반만이 아니었네

심장이 가락을 타고
춤을 추는 것은

받아줄 사람
귓가에만 닿으라고
마음을 먼저 보낸다

건반 위를 나는
작은 새 되어

파르르 떠는 것이
노랫가락이 되어
귓속을 기웃거리고

순수의 열정을
토해내는 마디마디가
그대 속으로 빠져든다

음 조각들을 엮어내
감동을 주고픈 마음뿐이다

비탈에 선 나목

하나둘 표피를 벗는다

그 누가 허물이 없으랴만
누구도 쉽게 제 허물 벗지 못하는데

올올이 퍼 올린 핏줄마다
켜켜이 쌓여진 아픔과 설움

거목이 되어 땅을 지켜 선다

세파에 뛰어들어 흔들리며 가다가
바람과 햇볕에 몸 맡기고
허공을 일으킨다

주렁주렁 가족들이
한여름을 나눠간 뒤
비탈에 선 나목이 되어
겨울로 한발 다가선다

지워지지 않은 사진

내 뇌리에 박혀
갈증을 자아내는 그리움들

생각의 페이지마다 꽂혔다가
변함없이 생생하게 보여주는
기억 샘 속의 사진들

눈물 없이 우는 새도
소리죽여 웃는 꽃들도
한 장 사진으로 인화된다

나무는 속으로만 한세월 설움 삼키다
얼룩진 나이테 그려놓고 잠들면
애달픈 기억만 모퉁이를 돈다

마른 잎들도 다 떨어져
하늘이 바람 손잡고
사람 이야기 들으려 가지마다
부풀어 오른다

지나간 추억은 바구니에 담겨
또 한 장의 기억 사진 속에 남는다

옛 생각

차마 그립다
이 외로움보다 더 그립다
새록새록 떠오르는
그 옛날 그 추억의 얼굴들

지금은 내 곁을 떠나
제각기 어디만큼
흘러들 가겠지만

허공에 외쳐대던 마음
여기 이 자리에서

차가운 겨울을 만나
눈 되어 펄펄
하얗게 하얗게 내리는가

못 전한 마음일랑
봄 되면 빗줄기 따라
다시 높은 나무로 올라가
봄 향기 되어 전해지려나
그리운 이내 마음

삶이란

애야 삶이란 다 그런 거야
마냥 좋을 것만 같았던
젊고 희망찬 나날도
괴롭고 힘든 고통의 나날도
지나고 보면 다 그렇듯

우리는 시작점부터
종착점까지는 좋든 싫든
가야 할 운명

우리는 꿈이란 종점을 향해
항해하는 항해사가 아니던가

나무나 풀 물과 돌까지도
인간사와 같지 않은 것이 없듯이

꿈을 먹고 그 꿈을 좇아 방황하는
우리는 방랑객

그 끝은 아무도 모른다
다만 길이 있어 동행할 뿐이다

상생

지구는 거대한 몸이다

모든 생명은
흙과 물의 상생이요
잠시 왔다 가는 나그네다

산과 바다가 끓어
물 되고 흙이 되는
불로 다스려지는 지구는

천만년을 하루 같이 사는
초로의 인생이다

그때에는

꽃이 꽃인 것은
당신 때문입니다

끌리게 하는 힘으로
나를 당기기 때문입니다

나에게도 자석 같은 힘이 있었더라면
내가 먼저 당겨 볼 텐데

나는 잎으로라도 가만히 다가가 앉으렵니다
끄는 힘이 부족한 탓입니다

당신이 꽃문 활짝 열면
그때엔 행복으로 날아가

극과 극이 서로 당기듯
기꺼이 끌어안을 겁니다

겨울로 가는 낙엽

눈물도 메마른 싸늘한 바람이
뚝 뚝 가을을 걷어간다
갈 꽃들 아직 이별 준비
미처 다 못 했다는데

차가운 바닥에 눕는 가을 무늬
은행나무 노란 눈물방울들
질펀히 그늘을 적시고

연출이 끝난 무대는 서서히
다음 계절 앞에 세우고

떨어진 가을의 자취마저 쓸어간 뒤
나도 갈 곳 몰라 헤매는
낙엽 따라 겨울로 갈 것이다